# 3 histoires de lutins

Editions Lito

# Le petit lutin rouge et Noëlie du Houx

Deux vieux lutins, Farfadel et Farfadelle, habitaient un minuscule palais transparent, caché dans une épaisse forêt. Depuis longtemps, le voile de la déception avait terni les doux espoirs du jeune temps de leur mariage.

Aucun enfant n'étant venu égayer de ses éclats de rire leur riche demeure devenue triste, ils n'étaient plus heureux ensemble.

Farfadelle se montrait maladroite. Elle cassait les assiettes et les verres en cristal. Farfadel devenait sauvage. Il partait très souvent couper du bois. Il rentrait à la nuit tombante. Il mangeait un croûton de pain sans vouloir goûter aux mets délicats que Farfadelle préparait et se couchait sans dire un mot.

En dernier ressort, et en l'absence de toute fée dans la forêt, Farfadelle alla un jour consulter Adélaïde, la sorcière bossue, qui ricana en cachette et lui fit boire de l'eau de Jouvencel.

Farfadelle conçut enfin un enfant.

Neuf jours après, le bébé naquit sur un tapis de myosotis caressés par un exquis zéphyr printanier. C'était un tout petit lutin, croquignolet à souhait.

Farfadel et Farfadelle l'appelèrent Zéphyrin. Mère Farfadelle lui cousit de jolis habits rouges. Père Farfadel lui fabriqua des meubles en bois qu'un oiseau de paradis peignit des couleurs tendres de l'amour. Le palais des deux lutins connut de nouveau le bonheur.

Les voisins vinrent admirer Zéphyrin. Paul Écureuil voulait le promener sur son dos, Anaïs Porképik désirait guider ses premiers pas à travers les futaies, et les lutins des basses souches avaient hâte de jouer avec lui.

Le temps passa et Zéphyrin grandit. Hélas, très vite, il s'avéra qu'il était aussi grognon que mignon. Il boudait à tout bout de champ. Pourtant, c'était sans doute l'un des enfants les plus choyés de la terre.

Père Farfadel, non content de lui rapporter tous les soirs les merveilleux petits jouets qu'il sculptait dans le bois, le faisait souvent sauter sur ses genoux, en fredonnant des chansons de lutins.

Maître Koléoptair venait lui enseigner le dessin et le latin à domicile. Aussitôt après, on s'appliquait à distraire Zéphyrin. Tantôt, Lulu, la libellule d'Honolulu, jouait du ukulélé, tantôt, Ursule Tarentule dansait la tarentelle. Mais Zéphyrin ne riait pas. Non, Zéphyrin grognait.

Mère Farfadelle lui préparait des crêpes au miel et des pommes au four. Quand l'odeur chaude de la cannelle parfumait la cuisine, Zéphyrin se bouchait le nez :

— Ça sent mauvais, marmonnait-il.

À la saison où les fruits sont mûrs à point, mère Farfadelle l'installait sur un petit siège, juste derrière la selle de sa bicyclette. Tout en reniflant les riches senteurs de foin coupé qui s'exhalaient des champs, elle pédalait gaiement jusqu'au pied des montagnes. Elle expliquait à Zéphyrin comment récolter les myrtilles sans les écraser.

Il s'en moquait. Il aimait mieux piétiner les buissons.

En automne, père Farfadel guettait les premières pluies.

Dès le lendemain, à l'aube, il réveillait Zéphyrin. Il lui faisait chauffer son lait, il lui mettait ses minuscules sabots aux pieds et il brossait ses cheveux en broussaille. Hop ! Ils allaient ramasser des champignons dans les bois.

Mais Zéphyrin ne voulait ni les cueillir, ni savoir leur nom. Quand Farfadel essayait de lui apprendre à distinguer un vrai d'un faux bolet, il se roulait dans l'herbe en hurlant.

La plupart du temps, Zéphyrin se blottissait au pied d'un champignon. Il enfonçait son petit capuchon sur sa tête pour se protéger de la rosée et attendait que père Farfadel ait fini de remplir son panier.

Mais quelquefois, Zéphyrin s'asseyait sur un gros escargot rayé et hue ! et dia ! il le fouettait avec un brin de chiendent pour qu'il parte au galop. En général, père Farfadel délivrait l'escargot effaré.

Le samedi soir, monsieur Paon-de-Nuit, le marchand de feux follets, venait chercher Zéphyrin. À califourchon sur son dos, Zéphyrin se promenait au milieu des étoiles. Très vite cependant, il tourmentait le papillon. Il lui tirait les antennes, il lui mettait les doigts dans les yeux, il lui donnait des coups de poing, en ordonnant :

— Plus vite, mollasson !

C'était un fait, Zéphyrin devenait cruel. Il tracassait les mouches, il inondait les fourmilières, il poursuivait les oiseaux avec son lance-pierres. En outre, Zéphyrin se montrait prétentieux. Il lisait le dictionnaire et parlait latin à des petits lapins qui n'y comprenaient rien.

On finit par se méfier de lui. Paul Écureuil lui ferma sa porte, monsieur Paon-de-Nuit ne vint plus le voir, Anaïs Porképik ne lui parla plus.

Mère Farfadelle se plaignit un jour à son mari :

— Farfadel, mon chéri, je crois que notre petit lutin est très méchant. Quel malheur ! Comment faire pour y remédier ?

Père Farfadel y réfléchit. Deux jours plus tard, il lui dit :

— Farfadelle, ma toute belle, je me suis renseigné. La fée du Houx a chassé Adélaïde, la sorcière bossue qui t'a donné à boire de l'eau de Jouvencel. On dit dans la forêt que, mine de rien, Adélaïde était encore plus mauvaise qu'une sorcière ordinaire. N'aie crainte, ma Farfadelle, je vais aller demander conseil à la fée.

La fée du Houx l'écouta attentivement.

— Bien entendu, l'eau de Jouvencel a opéré, déclara-t-elle, mais la sorcière, à son habitude, a jeté un sort à Zéphyrin. Écoutez-moi bien : quand le houx aura des fruits semblables à des cerises sauvages, vous demande-

rez à votre petit lutin d'aller en cueillir un brin. S'il refuse, vous lui direz ceci : « Zéphyrin, tu te crois toujours né d'une eau de sorcière ? Non, mon petit lutin, désormais, tu es sous la protection de la fée du Houx. Hâte-toi de m'en rapporter un brin. » Ensuite, tout changera, vous verrez.

Noël arriva. Une neige légère, pareille aux ailes des doux papillons blancs, tomba comme en dansant sur la forêt. Père Farfadel alla voir le houx. Ses boules avaient le rouge vif des cerises sauvages. Il voulut aussitôt envoyer Zéphyrin dans la forêt.

— J'irai pas ! hurla le petit lutin.

Père Farfadel dit d'une grosse voix :

— Zéphyrin, tu te crois toujours né d'une eau de sorcière ? Non, mon petit lutin, désormais, tu es sous la protection de la fée du Houx. Hâte-toi de m'en rapporter un brin.

Tout étonné, l'enfant lui obéit.

Flic ! Floc ! Zéphyrin sautillait sur la neige brillante. Tout au bout du chemin, il découvrit le houx. Que se passait-il ? De-ci, de-là, de menus flocons s'en échappaient comme du duvet d'oie des neiges.

Zéphyrin vit alors une minuscule petite fille. À cheval sur une branche, elle remplissait son panier de houx. Malgré l'épais manteau de douce laine qui l'emmitouflait jusqu'au nez, l'air vif avait rosi ses joues ; malgré la couronne de houx qu'elle avait mise sur sa tête, ses cheveux bouclés étaient tout décoiffés. Elle l'aperçut :

— Coucou ! lança-t-elle. Tu viens t'asseoir à côté de moi ?

Il marmonna :

— Euh ... non ! J'aime mieux être seul. Va-t'en ! Sinon, je te fais tomber de l'arbre !

Elle haussa les épaules :

— Je n'ai pas peur de toi, tu sais !

Zéphyrin agita la branche. La petite fille s'y cramponna.

À cet instant, une fée sortit du houx.

— Bonjour, Zéphyrin, murmura-t-elle. Je suis la fée du Houx. Cette petite fille est ma filleule. Elle s'appelle Noëlie du Houx. Tu n'as aucune raison de te méfier d'elle. Soyez amis. Tu te crois toujours né d'une eau de sorcière ? Non, petit lutin, désormais, tu es sous ma protection. Am stram gram ! Je chasse le sort de la sorcière qui t'a fait naître grognon.

Le petit lutin fit un grand sourire à la fée. Puis, il alla cueillir un brin de houx en compagnie de Noëlie. « Voilà, il n'est plus ensorcelé ! » constata la fée. Elle disparut dans le houx. Un gros oiseau emmena les deux enfants au palais de Farfadel et Farfadelle.

Noëlie y resta. L'hiver s'écoula délicieusement. Quand le printemps revint, les deux amis gambadèrent sur l'herbe que parsemaient les derniers perce-neige.

Ils se baignèrent dans l'écume des torrents, ils cueillirent les premières morilles blondes, ils firent des bottes de crocus.

Zéphyrin et Noëlie prirent l'habitude d'accompagner père Farfadel dans la forêt. Il leur fabriqua une balançoire en forme de sauterelle. Vlan ! Vlin ! Ils se balançaient pendant qu'il coupait son bois. Tout guilleret, tout sautillant, père Farfadel travaillait jusqu'à midi.

À ce moment-là, mère Farfadelle leur apportait des tartes aux poireaux sauvages, gardées au chaud dans un torchon. La joie de père Farfadel était encore plus grande.

Ainsi, grâce à la fée du Houx, le vrai bonheur régna pour toujours dans le palais des deux lutins.

# Qu'y a-t-il dans le pois ?

Il y avait un meunier dont le moulin ne tournait plus depuis longtemps, faute de blé. La sécheresse ayant tué sa récolte, n'ayant plus rien pour subsister, il avait dû vendre son âne, qu'il ne pouvait non plus nourrir.

Un jour que le meunier se lamentait pour la centième fois :

Mon blé est mort-né
J'ai vendu mon âne
Je suis sur la paille

un oiseau entra par la fenêtre ouverte. Il déposa sur la table une cosse de pois et s'en alla.

— Qu'y a-t-il dans le pois ? s'écria le meunier.

Hop ! La cosse se mit à danser. Le meunier voulut l'attraper. Mais elle lui glissa entre les doigts.

— Par ma vieille trompette ! Qu'y a-t-il dans le pois ? répéta le meunier.

À ce moment-là, la cosse s'ouvrit et un lutin en sortit.

— Bien le bonjour, Monsieur le meunier. Jérôme Poicassé, pour vous servir, dit-il en s'inclinant.

À dater de ce jour, la vie du meunier changea du tout au tout. D'abord, Jérôme Poicassé transporta jusqu'au moulin une bonne part des milliers de petits cailloux qui tapissaient le fond de la rivière. Poikaci ! Poikaça ! Il les transforma en grains de blé. De nouveau, le moulin put tourner.

Ensuite, Jérôme Poicassé métamorphosa un crapaud du bord de l'eau en âne. Le meunier put de nouveau aller vendre sa farine à la ville.

Enfin, Jérôme Poicassé fit venir de Lutinie, le pays des lutins, une paire de pinceaux magiques qui peignirent à neuf le moulin du meunier.

Frais et pimpant comme une coiffe de Hollandaise, il tournait à présent jour et nuit et dans ses ailes bruissait la jolie chanson du vent.

Or un jour, le riche pâtissier à qui le meunier vendait sa farine, s'étonna de ces sacs qui arrivaient sans arrêt. Il suivit donc en secret le meunier jusqu'au moulin.

Il regarda par le trou de la serrure. Poikaci ! Poikaça ! Il vit le lutin changer de simples cailloux de rivière en grains de blé renflés.

Le coeur en joie, le pâtissier rentra chez lui en se frottant les mains. Il attendit.

Deux jours s'étaient écoulés. Le troisième jour, le pâtissier entendit sonner les grelots tintinnabulants annonçant le meunier et son âne.

— Ma femme, dit-il, retiens le meunier dans la boutique. Pour cela, offre-lui des choux à la crème et donne une carotte à son âne.

Sautant sur son cheval, hue ! il galopa jusqu'au moulin.

Il entra : Jérôme Poicassé lisait le journal. Le pâtissier essaya de l'enfermer dans son mouchoir mais le lutin lui glissa entre les doigts.

Traperi, trapera pas !
Ne m'attrape pas qui veut.
Que veux-tu, pâtissier ?

— Euh … Je veux du blé … de l’or … des bijoux. Je veux être le plus grand pâtissier de la terre.

Jérôme Poicassé éclata de rire :

Qu'as-tu fait pour le mériter ?
Tu es plein de mauvaises pensées.
Tu as suivi et espionné
Ce brave homme de meunier.
Non ! Non ! Je ne veux pas t'aider.
Grand pâtissier tu seras
par ton travail. Uniquement !

— Prends garde, lutin ! Car si tu ne m'obéis pas, il se pourrait que je brûle le moulin ! menaça le pâtissier.

— Ah oui ? s'exclama Jérôme Poicassé. C'est ce que nous allons voir ! Poikaci ! Poikaça ! Deviens un sac de toile.

Jérôme Poicassé demeura environ un an chez le meunier. Il l'aida à semer de nouvelles graines dans son champ. Et quand le blé fut en herbe, il prit congé.

— Te voilà tiré d'affaire, meunier. À présent, tu as suffisamment d'or pour t'acheter un âne et vivre confortablement.

Poikaci ! Poikaça ! Jérôme Poicassé rendit sa forme au crapaud. Puis il alla trouver le sac.

— Pâtissier, demanda-t-il, me promets-tu de laisser le meunier tranquille ?

Le sac gigota comme un ver :

— Ouiii ! répondit une voix assourdie par la toile. Je suis bien assez riche et me contenterai de ce que j'ai. Mais par pitié, délivre-moi ! J'ai tant envie de revoir ma chère femme et de confectionner deux douzaines de petits gâteaux au chocolat rien que pour elle !

— Eh bien je te libère ! Poikaci ! Poikaça ! Rentre chez toi !

Ayant retrouvé forme humaine, le pâtissier enfourcha son cheval, qui l'attendait depuis un an, et hue ! il rentra chez lui.

Le meunier remercia Jérôme Poicassé. Alors, le lutin agita les minuscules castagnettes qu'il portait comme des pendants d'oreilles : l'oiseau qui, un jour, avait déposé la cosse de pois sur la table, revint par la fenêtre ouverte. Le lutin du pois s'assit sur son dos. Hop ! L'oiseau s'envola vers la Lutinie.

# Le lutin des noix

À l'automne, la vieille alla gauler ses noix. Elle en cassa une pour la goûter : il y avait un lutin dedans.

— Emmène-moi avec toi, dit-il. En échange, je te donnerai de l'or.

La vieille accepta, pas tant pour l'or que pour la beauté du lutin, qui lui avait plu aussitôt.

Elle lui fit des habits neufs et l'installa dans son sabot. Un soir qu'ils égrenaient des haricots devant la cheminée, la vieille éclata en sanglots. Le lutin en fut tout retourné.

— Qu'as-tu, ma bonne maman ? demanda-t-il.

— Faute d'argent, j'ai dû vendre ma vache cet été pour réparer le toit. Depuis, plus de champ labouré, plus de lait, plus de fromage !

Le lutin frappa dans ses mains :

— Ah ça ! Ne te rappelles-tu pas ma promesse ? « Emmène-moi avec toi. En échange, je te donnerai de l'or. »

Aussitôt, il transforma une poignée de haricots en pièces d'or. La vieille racheta une vache, qui laboura le champ et lui donna du lait, avec lequel elle fit du fromage.

Pour Noël, hormis du fromage et des noix, il n'y eut rien de bon sur la table. La vieille éclata en sanglots. Le lutin en fut tout retourné.

— Qu'as-tu, ma bonne maman ? demanda-t-il.

— Faute d'argent, je n'ai pu préparer un bon repas, comme il convient à la Noël.

Le lutin frappa dans ses mains.

— Ah ça ! Ne te rappelles-tu pas ma promesse ? « Emmène-moi avec toi. En échange, je te donnerai de l'or. »

Aussitôt, il transforma des épis de blé, qu'elle avait fait sécher, en pièces d'or.

Bien calée sur sa vache, la vieille alla dès le lendemain à la ville voisine. Elle y acheta des victuailles.

Ils firent un vrai repas de fête.

Au printemps, la rivière en crue emporta la maison. Le lit, le sabot et l'étable flottaient sur le champ inondé.

— Ma bonne maman, on dirait que je suis dans un bateau ! dit le lutin en riant aux éclats.

Mais la vieille ne partagea pas sa gaieté. Elle éclata en sanglots. Le lutin en fut tout retourné.

— Qu'as-tu, ma bonne maman ? demanda-t-il.

— Nous sommes sauvés. La vache dans son étable aussi. Mais la maison s'en est allée.

Le lutin frappa dans ses mains.

— Ah ça ! Ne te rappelles-tu pas ma promesse ? « Emmène-moi avec toi et je te donnerai de l'or. »

Aussitôt, il transforma les boutons de sa chemise en pièces d'or.

La vieille engagea un maçon. En quelques jours, il lui bâtit une jolie maison.

En été, la vieille alla cueillir des cerises au jardin. Voulant lui faire une surprise, le lutin se cacha derrière un fruit.

La vieille, qui était très gourmande, les mit par mégarde tous les deux dans sa bouche.

— Au secours ! cria le lutin.

La vieille ouvrit la bouche. Il en ressortit sain et sauf. Elle éclata en sanglots.

— J'ai failli te manger. Aussi, tu es tellement minuscule ! Ah ! Comme j'aimerais que tu sois un véritable enfant !

Elle n'eut pas plus tôt prononcé ces paroles que le lutin se transforma en petit garçon.

— Ma bonne maman, voilà ton souhait exaucé. Seulement, j'ai perdu le pouvoir de te donner de l'or.

La vieille se mit à rire. Peu lui importait l'or du lutin ! N'avait-elle pas à présent le plus grand trésor qu'on pouvait imaginer, un enfant à aimer ? Elle le prit par la main et ils dansèrent joyeusement.